POURQUOI JE SUIS LÉGITIMISTE ?

QUESTIONS A L'ORDRE DU JOUR

> « Le droit pour base, l'honnêteté pour moyen, la grandeur morale pour but. »
>
> *(M. le comte de Chambord ; proclamation aux Français du 9 octobre 1870).*

Prix : 50 c. ; — 60 c. par la poste

LISIEUX

TYPOGRAPHIE DE E. PIEL, ÉDITEUR

Grande-Rue, 63

1871

POURQUOI JE SUIS LÉGITIMISTE ?

Questions à l'ordre du jour

> « Le droit pour base, l'honnêteté pour moyen, la grandeur morale pour but. »
>
> *(M. le comte de Chambord ; proclamation aux Français du 9 octobre 1870).*

L'heure nous paraît favorable pour rappeler sous ce titre certaines vérités qu'on pourrait trouver banales tant elles sont élémentaires, si ce qui est élémentaire n'était souvent, dans ce siècle de lumières, ce qu'on sait le moins bien. Parler de l'origine du pouvoir et de ses caractères, de ses droits et de ses devoirs, n'est pas, en effet, sans opportunité, alors que tout est confusion dans les idées et provisoire dans notre état social, et même au lendemain d'une guerre dont la fatale issue tient encore les esprits comme oppressés sous le poids d'un épouvantable cauchemar; puisque cette guerre elle-même n'a été que la conséquence du mépris, devenu chronique en notre temps moderne, des grands principes du droit chrétien.

Cette étude (le titre sous lequel nous le plaçons l'indique assez) n'a pas la prétention d'être une œuvre savante ; elle s'adresse uniquement à ceux qui partagent notre foi religieuse, et n'a d'autre but que de les amener à faire avec nous un retour sur leur conscience politique, afin de l'examiner à la simple lumière de l'enseignement catholique et du bons sens.

I

LE POUVOIR ENVISAGÉ DANS SON ORIGINE

Pour procéder méthodiquement, avant de démontrer la nécessité du pouvoir, il faudrait prouver celle de l'état social, car l'une n'est que la conséquence de l'autre. Supprimez le pouvoir, la société devient impossible ; détruisez la société, le pouvoir devient inutile. Si donc on admet que l'état social est l'état normal de l'humanité, on reconnaît par là même la nécessité du pouvoir, c'est-à-dire d'une autorité reconnue et respectée comme ayant droit de se faire obéir. Comme nous n'écrivons point pour les rêveurs de l'école de Rousseau, qui considèrent l'état sauvage comme l'*état de nature*, nous pouvons nous dispenser d'établir que la société est un fait supérieur aux conventions humaines. Et cela étant admis, nous ajoutons que la société n'est pas possible sans un pouvoir qui la dirige. En effet, la société suppose une loi, c'est-à-dire un ensemble de réglements qui la constituent. Or, cette loi serait une lettre morte, s'il n'y avait point une autorité chargée de la faire exécuter.

« L'homme, dit Joseph de Maistre (1), en sa qua-
« lité d'être à la fois moral et corrompu, juste dans
« son intelligence et pervers dans sa volonté, doit
« nécessairement être gouverné, autrement il serait
« à la fois sociable et insociable, et la société serait
« à la fois nécessaire et impossible. On voit dans les
« tribunaux la nécessité absolue de la souveraineté;
« car l'homme doit être gouverné précisément
« comme il doit être jugé, et par la même raison,
« c'est-à-dire parce que partout où il n'y pas *sentence,*
« il y a *combat.* »

Ainsi donc la souveraineté est nécessaire comme la société elle-même; comme elle, elle est conforme à la nature de l'homme, et comme elle aussi, elle répond au plan du Dieu créateur. Et c'est en ce sens que la souveraineté est de *droit divin*. Elle est de droit divin parce qu'elle est voulue de Dieu; mais elle est encore de droit divin, parce qu'elle ne peut émaner que de Dieu lui-même. Tous les hommes, en effet, étant égaux par nature, comment expliquer la souveraineté, si on ne la considère pas comme une délégation de l'autorité divine ?

On a voulu, nous le savons, faire dériver la souveraineté d'un contrat tacite en vertu duquel chaque individu, pour satisfaire à l'intérêt commun, abdiquerait une partie de sa liberté naturelle entre les mains de l'homme ou de l'assemblée, chargée de l'exercice du pouvoir public. Mais la plupart de ceux

---

(1) *Du Pape,* liv. II, p 156.

qui professent cette théorie n'ont pas réfléchi sans doute aux conséquences qui en découlent. En réduisant la souveraineté aux proportions d'un fait purement humain et qui n'aurait d'autre raison d'être que le consentement présumé de chaque individu, ils enlèvent par là même à la société le caractère divin de son origine, et se rallient ainsi, sans paraître s'en douter, au système de l'auteur du *Contrat social*. Si la société est de droit divin, comment admettre, en effet, que la souveraineté ne le soit point, puisque l'on reconnaît que sans souveraineté la société n'est pas possible? Autant vaudrait dire que Dieu a créé l'homme pour qu'il vécût en société et, qu'en même temps, il l'a laissé libre de rendre impossible ce même état social qui ne pouvait pas ne pas être.

On se heurterait encore à bien d'autres contradictions, si, contrairement à l'enseignement de l'Église, on persistait à soutenir la doctrine du *Contrat politique*. Cette doctrine, on le sait, suppose que chaque homme est souverain, et que la souveraineté générale, telle qu'elle existe au sommet de la nation, n'est que la résultante de toutes les souverainetés individuelles qui la composent. Le souverain se trouve donc par là transformé en simple délégué de ses prétendus sujets ; et, si l'on veut être logique, on est forcément amené à reconnaître, aux milliers de souverains qui composent un peuple, le droit de chasser leur délégué quand bon leur semblera. Mais ce droit, s'il appartient à la masse, on ne saurait nier qu'il appartienne aussi à chaque individu. Or, nous demandons aux partisans du système du *Contrat politique*, quels arguments sérieux ils opposeront à l'homme qui voudra se soustraire à l'accomplissement de la loi, en invoquant ses droits de souverain.

On lui objectera le consentement commun ; mais ce consentement ne peut être que présumé ; et d'ailleurs, en quoi cela lèserait-il sa souveraineté particulière? On lui parlera de la nécessité qu'il y a pour chaque homme de ne point violer la liberté de ses semblables s'il veut qu'on respecte la sienne. Mais c'est là, en définitive, une question d'utilité personnelle dont il est seul juge ; et cette considération le touchera peu, s'il se sent assez fort pour violer la loi dans ces limites, sans avoir à craindre de représailles. L'argument le plus sérieux qu'on pourra lui opposer, c'est que la société finira toujours par être plus forte que lui, et qu'il sera forcé de céder à la masse. Mais, on le voit, tout se réduit alors à une question de nombre, de force ou d'adresse : et telle est en réalité la seule base sur laquelle reposerait tout l'ordre social, si le pouvoir ne dérivait point d'une volonté plus haute que celle de l'homme, s'il ne venait de Dieu lui-même.

Ici, nous devons aller au-devant d'une objection capitale: si c'est l'imperfection de notre nature qui rend la souveraineté nécessaire, si le pouvoir est destiné à maintenir l'équilibre social sans cesse menacé par les passions humaines, faudrait-il au moins que ceux qui en sont les dépositaires soient exempts de nos imperfections. Appelés à faire régner l'ordre et la justice, comment « procureront-ils le bien commun, » comme parle Suarez, s'ils participent à la corruption de notre nature ? A cela, nous répondrons que Dieu ne faisant point descendre des anges sur la terre pour nous gouverner, il faut bien que nous soyons gouvernés par nos semblables. Et puis, comme le fait remarquer le comte de Maistre : « L'homme étant juste, au moins dans ses intentions, lorsqu'il ne s'agit pas de lui-même, » il doit arriver nécessairement que les cas où le pouvoir est tenté de violer les règles de la justice sont plus rares que les autres.

Il semble puéril d'attacher autant d'importance à cette question de la nécessité du pouvoir et de son origine. Mais, en admettant que les principes que nous venons d'exposer ne puissent être contestés sérieusement, on ne saurait trop encore les mettre en lumière. Car ils sont la base de tout le système catholique sur l'organisation de la société civile.

II

LE POUVOIR A SA FORMATION

Le pouvoir civil vient de Dieu, nous dira-t-on. C'est évident, puisque Dieu est le principe de toute autorité sur la terre. Mais Dieu n'intervient pas d'une manière visible dans les affaires de ce monde : il le gouverne par des délégués. Or, quelle est la nature de cette délégation? Est-elle directe ou transmise par la société ?

Etablissons tout d'abord une distinction capitale. Nous nous occupons exclusivement ici du pouvoir civil. Il y a, en effet, plusieurs sortes de pouvoirs : le pouvoir ecclésiastique, le pouvoir civil et le pouvoir paternel : le premier, qui correspond à l'Eglise ; le second, à la société ; le troisième, à la famille. Or, ces différents pouvoirs émanent tous de Dieu, mais d'une façon différente.

Le pouvoir ecclésiastique vient de Dieu d'une manière beaucoup plus spéciale, beaucoup plus directe que le pouvoir civil. Non-seulement ce pouvoir est dans l'ordre de la Providence, parce qu'il est destiné à assurer l'existence de l'Eglise ; mais encore il émane très-spécialement de Dieu, parce que c'est Dieu lui-même qui a déterminé sa forme et l'autorité qui devait l'exercer. Quant au pouvoir paternel, la nature elle-même désigne ceux auxquels il doit appartenir. Lors donc qu'on se demande d'une manière générale comment le pouvoir émane de Dieu, la réponse ne peut offrir de difficulté qu'en ce qui concerne le pouvoir civil.

Saint Jean Chrysostôme, commentant les paroles de Saint Paul : « il n'y a point de puissance qui ne vienne de Dieu, » s'exprime ainsi : « Que dites-vous? Tout prince est donc institué de Dieu ? — Je ne dis point cela, puisque je ne parle d'aucun prince en particulier, mais de la chose elle-même, c'est-à-dire de la puissance elle-même. J'affirme que l'existence des principautés est l'œuvre de la divine sagesse, et que c'est elle qui fait que toutes choses ne sont point livrées à un téméraire hasard. C'est pourquoi l'apôtre ne dit point qu'il n'y a point de prince qui ne vienne de Dieu; mais il dit, en parlant de la chose elle-même, qu'il n'y a point de puissance qui ne vienne de Dieu. »

Ces paroles du saint docteur ne jettent-elles pas une vive lumière sur la doctrine du *droit divin*, telle que l'entend l'Eglise? Et ne voit-on pas par là la différence capitale qui existe à ses yeux entre le pouvoir du Souverain-Pontife et le pouvoir des princes qui commandent aux nations? Le premier seul est de *droit divin*, dans le sens que les disciples de l'école révolutionnaire donnent habituellement à ce mot.

Mais la question de savoir si Dieu communique le pouvoir aux princes *médiatement* ou *immédiatement*, n'est pas encore suffisamment éclaircie. Il résulte de l'enseignement de saint Jean Chrysostôme, que, dans l'ordre ordinaire des choses, Dieu ne désigne point tel ou tel prince pour être le dépositaire de la puissance publique (et par ce mot de *prince*, nous entendons quiconque exerce le pouvoir sur la communauté, roi, président de république, conseil exécutif, etc.).

Ce point acquis au débat, à quoi se réduit la question, et en quoi consiste la différence entre la doctrine qui prétend que Dieu communique le pouvoir aux princes *immédiatement*, et celle qui

soutient que cette communication n'est que *médiate?* Dans son bel ouvrage sur le *Protestantisme comparé au Catholicisme,* Balmès explique ainsi cette différence et la réduit à sa juste valeur. « Selon les uns, dit-il,
« au moment où se fait la désignation des personnes
« qui doivent exercer le pouvoir, la société, en
« désignant, non-seulement met les choses dans
« l'état nécessaire pour que le pouvoir soit commu-
« niqué, mais elle-même communique réellement
« le pouvoir, l'ayant auparavant reçu de Dieu.
« Dans l'opinion des autres, la société ne fait autre
« chose que désigner, et, moyennant cet acte,
« Dieu communique le pouvoir à la personne
« désignée. »

En pratique donc, le résultat des deux doctrines est le même. Car, alors qu'on admettrait l'interprétation la plus large, il ne s'ensuivrait nullement qu'on préférât la doctrine antichrétienne de la souveraineté du peuple, ainsi qu'on pourrait le croire à première vue. En effet, si comme plusieurs théologiens le pensent, Dieu communique le pouvoir à la société elle-même, c'est uniquement pour qu'à son tour la société le transmette à une autorité désignée par elle. En imposant à l'humanité l'obligation de se constituer en société, Dieu lui a nécessairement donné les moyens d'arriver à ce but. Or, nous savons qu'elle ne peut le faire qu'en se soumettant à une autorité. Il n'y a donc rien que de fort plausible à admettre que Dieu l'a en même temps chargée de transmettre le pouvoir à l'autorité établie pour la gouverner. Plus loin nous verrons à quelles conditions cette transmission s'opère.

Pour mieux éclairer la question, fixons un instant nos regards sur les premiers âges du monde.

En posant comme principe que le pouvoir vient de Dieu, nous avons suffisamment déclaré que nous n'admettions pas qu'un jour, fatigués de la vie sauvage, les hommes se soient réunis en assemblée délibérante, et aient ainsi, à la majorité des voix, fondé la vie sociale. Dieu, dans tous ses ouvrages, procède par ordre ; la nature est le type de l'harmonie : tout s'y accomplit par degrés. Or, il en est de la société comme des autres institutions divines, et il suffit d'un peu de bon sens et d'une connaissance quelconque de l'histoire, pour se convaincre qu'elle aussi s'est insensiblement formée et développée par degrés.

Le pouvoir civil, qui est si intimement lié à l'existence de la société, existait bien en germe, au moment de la création du premier homme ; mais il n'existait point pratiquement, si l'on peut dire : et cela pour un motif fort simple : c'est qu'il n'avait point encore sa raison d'être. De quoi se compose, en effet, la société ? De l'assemblage des familles ; or, lorsqu'il n'y avait encore qu'une seule famille, la société n'existait pas et par conséquent le pouvoir civil était inutile. Mais cette famille primitive était le principe et l'embryon de la société, comme elle était déjà le type de l'Eglise.

Adam, ainsi que le fait observer le Père Ventura (1), Adam avait à la fois la dignité paternelle, la dignité royale et la dignité sacerdotale. Ces trois dignités se confondaient en lui. Dieu, en le créant, lui avait conféré le don de reproduire ; il était naturellement le chef religieux et domestique de tous les rejetons issus de lui. Lorsque ses enfants engendrèrent à leur tour, ils formèrent des familles nouvelles ; mais toutes ces familles réunies étaient soumises à l'autorité du premier père ; il en était naturellement le roi. Et qui donc l'eût été, si ce n'est celui qui avait contemplé la majesté de Dieu dans les splendeurs de l'Eden, qui avait conversé avec lui et reçu ses instructions ?

A mesure que la famille d'Adam se multiplie, son pouvoir domestique prend une extension plus grande. « Dans l'ordre purement naturel et humain (2), dit le Père Ventura, il n'eut qu'à maintenir entre ces familles ou dans ce premier Etat l'union et la paix, au moyen de l'exercice de la justice ; il n'eut, en un mot, qu'à veiller à leur conservation, c'est-à-dire que le pouvoir domestique se changea naturellement en pouvoir public, et lui-même, de père qu'il avait été de sa race, en devint roi. »

Mais cette postérité d'Adam s'accrut bientôt ; elle se multiplie à l'infini, pour peupler la terre déserte ; et à mesure que de nouvelles générations naissent, les liens qui rattachent l'humanité au premier homme deviennent moins étroits. Le crime, en

---

(1) *Essai sur le Pouvoir public*, chap. II.
(2) *Ibid.*

faisant son apparition sur la terre, avait opéré déjà deux grandes divisions dans la race humaine. Il y avait séparation entre les fils du meurtrier Caïn et les descendants du juste Abel, entre les *enfants des hommes* et les *Enfants de Dieu ;* première explosion de cet antagonisme entre le bien et le mal, qui doit durer jusqu'à la fin des temps. Et aussi première manifestation de cette loi mystérieuse en vertu de laquelle les fautes du coupable comme les vertus du juste ne doivent pas demeurer sans influence sur les destinées de leur race.

Ce que nous avons dit suffit, croyons-nous, pour faire comprendre que le pouvoir politique est apparu d'abord sous la forme du pouvoir domestique. Après le déluge, l'humanité se trouve de nouveau, comme au commencement du monde, réduite à une seule famille dont Noé est le chef. La postérité de ce patriarche se multiplie comme la postérité d'Adam, et, pour la seconde fois, l'accroissement de la famille donne naissance à la société ; pour la seconde fois, le pouvoir domestique se transforme en pouvoir public. Puis viennent les rébellions contre l'ordre établi par Dieu. L'orgueil engendre la révolte ; la révolte engendre la confusion. La postérité d'Adam se disperse sur les ruines de Babel ; comme les grains de sable, chassés au loin par le vent du désert, elle s'en va de différents côtés, cédant à une force mystérieuse ; elle s'en va, emportant avec elle, dans les régions désertes qu'elle va peupler, ses traditions qui s'obscurcissent rapidement, mais jamais assez pour que les traces de son origine puissent complétement s'effacer.

Que deviendront-ils, ces descendants de Noé, disséminés sur la terre? Perdront-ils tout à fait la notion de la vie sociale ? Non; alors même qu'ils en méconnaîtront les bases, ils sentiront le besoin de se grouper et de s'unir : tantôt c'est la force qui viendra s'imposer à eux, et ils se courberont devant elle ; tantôt ils choisiront eux-mêmes un chef ; tantôt ils se constitueront en république. Soit qu'ils obéissent à un roi, à un conquérant, à un conseil, il y aura toujours une autorité qui les dirigera ; et alors même qu'ils deviendront sauvages, ils se formeront en tribus, et chaque tribu aura son chef. La notion de la vie sociale ne s'effacera donc jamais complétement, même au sein des races les plus dégénérées de la grande famille d'Adam.

Convaincus que nous étions par avance de la nécessité du pouvoir, nous n'avons eu qu'à jeter les yeux sur les premières pages de l'histoire du monde pour nous assurer qu'il n'est point une invention humaine. Un autre regard à travers les siècles nous a suffi pour constater que, sous une forme ou sous une autre, il a toujours et partout existé. Nous avons à examiner maintenant ses prérogatives et les conditions auxquelles il peut et doit être obéi.

III

DE LA SOUMISSION AU POUVOIR

La souveraineté étant la clef de voûte de l'édifice social, il en résulte que, si la société est nécessaire, la soumission au pouvoir est un devoir sacré pour tout homme qui veut vivre en conformité avec la loi naturelle et avec la loi divine.

C'est le premier des devoirs sociaux; et l'Eglise qui attribue à la société une origine divine doit naturellement prêcher aux peuples l'obéissance, puisque cette grande loi de l'obéissance est la base fondamentale de la société. Nous verrons plus loin, lorsque nous examinerons la question de la résistance au pouvoir, que cet enseignement de l'Eglise n'a pourtant rien d'absolu, et qu'il ne porte aucune atteinte à la dignité véritable et à la sage liberté des peuples. Mais, avant de mesurer à la lumière de la doctrine catholique les limites de la puissance des rois (et par ce mot nous entendons tous ceux qui tiennent en main le pouvoir suprême), établissons tout d'abord quels sont les devoirs des peuples dans leurs rapports avec les rois.

Depuis que des législateurs oublieux de l'origine et des destinées de l'humanité ont placé, au frontispice de nos Constitutions, une solennelle déclaration des *Droits* de l'homme, il a semblé à plusieurs que, en sa qualité d'être social, l'homme n'avait que des droits à revendiquer, et que le chapitre des *Devoirs* était à jamais fermé pour le libre citoyen des temps modernes.

Les idées sur l'origine de la société ont été tellement faussées par les doctrines philosophiques du siècle dernier, qu'on s'est habitué à ne voir dans les dépositaires du pouvoir que les représentants de la force. Et, il faut le reconnaître, nos perpétuelles révolutions, en livrant au caprice des foules ou du hasard le sort des sceptres et des couronnes, n'ont pas peu contribué à ce résultat. Le plus souvent, on obéit aux souverains, non parce qu'on les respecte ou qu'on a conscience de ses devoirs sociaux, mais parce qu'on a conscience de ses intérêts privés ou de sa faiblesse.

Or, qu'est-ce pourtant qu'un roi, d'après les livres saints ? Ecoutez saint Paul : « Un roi, dit-il, c'est le « *ministre* de Dieu pour le bien. » « Soyez soumis à « toute créature humaine à cause de Dieu, dit saint « Pierre, soit au roi, comme le chef le plus éminent « de l'Etat, soit au gouverneur, etc., parce que telle « est la volonté de Dieu. » Tout se résume, d'ailleurs, en ces mots de Notre-Seigneur Jésus-Christ : « Rendez à César ce qui est à César, et à Dieu ce qui appartient à Dieu. » Admirable maxime, qui, dans sa concision, renferme toute la doctrine sociale, et qui, en fixant une limite à la puissance des rois, consolidait ses bases, en même temps qu'elle émancipait la conscience et relevait la dignité humaine des abaissements du paganisme.

Ainsi donc, nous devons obéissance au pouvoir, « aux puissances supérieures », suivant l'expression de saint Paul, non-seulement parce que cette obéissance est la conséquence naturelle de l'organisation sociale, mais encore parce que telle est la volonté de de Dieu.

Mais quelles sont les « puissances » auxquelles nous devons obéir? Ici commence la difficulté. Suffit-il d'avoir les insignes de la souveraineté pour avoir le droit de commander à tout un peuple? et, par cela seul qu'on tient en main les rênes de l'Etat, peut-on légitimement exiger les hommages et la fidélité dus aux puissances supérieures? La souveraineté réside-t-elle uniquement dans le fait? Est-elle ici-bas l'apanage dévolu au plus fort ou au plus habile? et tout homme qui se dira roi, parce qu'il aura la puissance du glaive, toute assemblée qui se proclamera souveraine, parce qu'elle aura les plus gros bataillons sous ses ordres, pourront-ils donc m'imposer leurs lois, sans que j'aie le droit de leur refuser obéissance?

Et s'ils me menacent de mort pour me punir de ma révolte, ne serai-je donc pas libre de braver la mort, sans enfreindre le précepte qui m'ordonne de rendre à César ce qui appartient à César? Répondre négativement à ces questions, ce serait rabaisser l'homme au rang de la brute. Et si nous devions nous incliner devant une telle doctrine, il ne resterait plus qu'à effacer de notre langue les mots de liberté, de justice et d'honneur.

Sans doute, il faut obéir à César ; mais le premier venu n'est pas César. Sans doute, il arrive souvent que le pouvoir devient la proie du plus fort et du plus habile, et souvent aussi, alors même qu'il repose sur une base aussi peu légitime, il est de notre devoir de lui obéir, et de lui obéir comme à Dieu lui-même. Mais est-ce donc une raison pour amnistier toutes les usurpations et toutes les conquêtes et pour proclamer en principe que la force partout et toujours a droit à notre obéissance et à nos hommages ?

Si la souveraineté patriarcale s'était perpétuée depuis Adam jusqu'à nous sans que la chaine de l'hérédité se soit jamais brisée, la question de savoir quels sont les pouvoirs auxquels on doit obéissance, serait facile à résoudre.

Mais nous avons vu, dès les premiers âges du monde, la royauté domestique méconnue et trahie dans la personne de notre commun père. Nous avons vu la postérité d'Adam se diviser à la suite du meurtre d'Abel. Ce fut la première révolution sociale. Hélas ! dans la suite des âges, bien d'autres crimes que celui de Caïn devaient attrister la terre, bien d'autres rebellions que celle de ses fils devaient troubler le monde. Il fallait que le péché originel portât plus loin ses ravages, et que sa funeste influence se transmît de race en race. Le sang qui coula sur le Cal-

2

vaire fut versé pour racheter l'humanité condamnée ; mais il ne devait pas effacer les traces de la faute qui souilla le berceau de l'humanité.

Il y a six mille ans que le mal existe sur la terre. Or, le mal tend à détruire incessamment la société ; et cependant, la société subsiste toujours, survivant aux attaques de la philosophie, comme à celles de la force brutale ; sans cesse ébranlée et se raffermissant sans cesse : phénomène incompréhensible, s'il n'était la preuve manifeste de l'action providentielle qui gouverne le monde.

Mais la société, composée comme elle l'est d'éléments viciés par le péché, ne peut subsister qu'à l'état imparfait. Aussi ne faut-il pas s'étonner de voir ses blessures cicatrisées, même aux dépens de la justice. Dieu a prescrit à l'homme de vivre en société ; et l'homme ne se soustrait jamais complètement à cette loi divine. Souvent par une révolte contre l'autorité légitime, il porte atteinte aux bases de l'organisme social ; mais, comme poussé par un mystérieux instinct, il remplace aussitôt par un pouvoir nouveau le pouvoir qu'il vient de détruire. Il peut bien, s'il lui plaît, changer de maître, mais vainement essaierait-il de s'en passer. Ainsi s'accomplit la loi divine ; alors même qu'il viole la justice, l'homme rend encore à son Créateur un hommage involontaire, en se rattachant sans cesse à cet ordre social qu'il s'efforce sans cesse de renverser.

De tout ce que nous venons de dire, il ressort clairement que l'autorité qui exerce le pouvoir, loin de dériver partout et toujours d'un droit préexistant, d'un principe légitime, procède au contraire bien souvent d'une source viciée, d'un fait contraire à la justice.

De là deux sortes de pouvoirs : le pouvoir légitime et le pouvoir légal, autrement dit la souveraineté de droit et la souveraineté de fait.

IV

DU POUVOIR LÉGITIME ET DU POUVOIR LÉGAL

Avant d'expliquer la distinction que nous prétendons établir entre ce que nous appelons le pouvoir légitime et le pouvoir légal, nous devons tout d'abord rappeler en deux mots le grand principe qui est la base de cette étude. Le pouvoir vient de Dieu par l'homme ; c'est-à-dire que, dérivant de Dieu, comme de la source unique d'où découle toute autorité ici-bas, il se forme et se transmet par des moyens humains. De là deux conséquences : la première, c'est que, lorsqu'on parle d'un pouvoir légitime, cela ne suppose nullement que le prince ou la dynastie qui l'exercent aient été choisis de Dieu pour remplir cette mission, ou, en d'autres termes, que Dieu soit intervenu en leur faveur autrement que par l'action ordinaire de sa Providence sur les affaires de ce monde. La seconde, c'est que Dieu n'intervient pas pour imposer à tel ou tel peuple telle ou telle forme de gouvernement, et qu'il laisse à chacun le libre choix de ses institutions.

Mais alors, nous dira-t-on, l'homme peut à son gré s'attaquer au pouvoir. Une nation peut, lorsque bon lui semble, renverser son gouvernement, en modifier la forme, détrôner le souverain qui règne sur elle, soit par droit d'élection, soit par droit d'héritage. Dieu nous garde de tirer de semblables conclusions des premières questions que nous venons d'exposer. Chaque peuple, avons-nous dit, a le libre choix de ses institutions. Sans doute, mais il ne peut exercer sa liberté que dans les limites de la justice; or, pour ne citer ici que quelques exemples, la justice est violée lorsqu'un peuple, sans motif légitime, se soulève contre le gouvernement qu'il s'est donné, ou qu'il a volontairement accepté. La justice est violée lorsqu'il change ses institutions, sans tenir compte des droits du prince ou de l'assemblée précédemment investie du pouvoir de lui commander.

Et nous ajouterons avec un auteur moderne (1), dont la science théologique est justement appréciée, que si une nation « a commis le crime de déposer
« son souverain légitimement établi, de le juger, de
« le punir, elle est tenue en justice à le réparer, en
« rétablissant le souverain légitime. Car si c'est une
« règle certaine du droit de l'Eglise que « le péché
« n'est point remis, si ce qui a été enlevé n'est res-

(1) Maupied, docteur en théologie. *Des Lois éternelles de l'Eglise et des sociétés humaines.*

« titué », tous ceux que cette nation recevrait ou
« se donnerait comme souverains à la place des pre-
« miers sont illégitimes et usurpateurs des droits
« d'autrui, qu'il n'est pas au pouvoir de la nation
« d'enlever aux souverains légitimes pour les trans-
« mettre à d'autres ; parce que nul, ni pouvoir, ni
« nation n'a le pouvoir de violer la justice et le droit
« naturel des conventions humaines. »

Et le savant docteur n'hésite pas à déclarer que ce sont là autant de certitudes et non des opinions.

Ici nous prévoyons une objection. On nous dira que, dans la plupart des cas, les révolutions sont faites par les minorités turbulentes ; que la majorité les subit bien plus qu'elle ne les encourage ou les provoque ; et par suite, qu'elle ne saurait être rendue responsable de leurs conséquences. Ceux qui raisonnent de la sorte oublient qu'un peuple est autre chose qu'un simple assemblage d'individus sans autres liens entre eux que ceux créés par le hasard ou par la communauté des intérêts ; que c'est un être collectif dont tous les membres sont solidaires. Méconnaître cette solidarité, ce serait saper par sa base l'organisme social. Car si l'on refuse d'admettre que les citoyens d'une même nation puissent contracter des obligations vis-à-vis du pouvoir autrement que par eux-mêmes, on est forcé d'en venir à cette conséquence, que les Constitutions n'ont de valeur que pour ceux-là même qui les ont consenties, et qu'à chaque génération nouvelle, à chaque individu qui arrive à l'âge d'homme, appartient le droit de les remettre en question.

L'injustice commise à l'égard de l'autorité légitime, engage donc la nation tout entière, alors même qu'elle est le fait d'une simple faction ; et nous n'examinerons pas si, en dehors de la participation directe, la faiblesse, l'indifférence, la pusillanimité, ne doivent pas aussi peser de quelque poids dans la balance des responsabilités.

Mais ici il y a une distinction nécessaire à établir entre les responsabilités individuelles et la responsabilité collective.

Un pouvoir légitime a été renversé ; et sur ses ruines une autorité nouvelle s'est constituée, soit que la nation l'ait elle-même établie, soit qu'elle ait consenti seulement à recevoir ses lois. Quoiqu'il en soit, elle règne et gouverne contrairement au droit. Or, nous savons quel est dans ce cas le devoir de la nation : c'est de rétablir les choses conformément à la justice méconnue et aux droits violés. Est-ce à dire pourtant que chaque individu, pris isolément, devra refuser obéissance au pouvoir usurpateur ? Non, la société est le premier des biens, et alors même qu'il repose sur une base illégitime, il a droit au respect des citoyens honnêtes. Mais il y a loin de ce respect extérieur, véritable aveu d'impuissance en face d'une situation plus forte que la volonté individuelle, à l'adhésion intime de la conscience et du cœur, et même à cette commode indifférence qui permet d'accepter avec enthousiasme les conséquences d'un fait dont on craindrait de discuter l'origine.

L'intérêt de l'ordre public, le danger de compromettre inutilement le calme relatif dont une nation peut jouir à l'abri d'un pouvoir régulièrement organisé, alors même qu'il n'est pas légitime, et de provoquer par d'intempestifs efforts en faveur du droit vaincu une situation plus précaire encore et non moins contraire à la justice, c'en est assez sans doute pour décider les partisans les plus fidèles du gouvernement déchu à subir les lois du pouvoir établi.

Mais, commandée par les circonstances, cette soumission ne doit pas aller non plus au delà de ce que les circonstances exigent. C'est au dépositaire du pouvoir, et par cela seul qu'il en est actuellement dépositaire, que je dois obéissance ; ce n'est pas à l'homme lui-même ou à l'assemblée injustement investie de la puissance souveraine. Prince ou assemblée, cette autorité serait nulle à mes yeux, si la force des événements ne me condamnait à lui obéir ; et je devrai la tenir pour nulle et non avenue le jour où les événements auront remis son existence et ses droits en question.

Et telle est, à proprement parler, toute la théorie de la légitimité. Nous ne nierons pas que les légistes adulateurs du pouvoir absolu ne l'aient présentée sous un jour moins favorable à la dignité des nations et à la liberté des peuples ; mais les traditions de la royauté chrétienne parlent plus haut que les apologies intéressées des courtisans. Et notre histoire, plus que toute autre, est là pour nous apprendre que la monarchie n'est jamais plus près de déchoir dans le respect des peuples, que lorsqu'elle se laisse séduire au charme des apothéoses.

Etre légitimiste, ce n'est donc point, comme on le croit trop souvent, considérer chaque nation comme le patrimoine individuel d'une famille privilégiée ; c'est tout simplement professer dans la vie publique, comme dans la vie privée, le respect de la justice et du droit naturel des conventions humaines. On peut être légitimiste à Washington et à Berne, comme on le serait à Paris et à Berlin, parce que les droits d'un président de république élu conformément à la Constitution nationale régulièrement établie ne sont pas moins sacrés que ceux du monarque héréditaire, qui a reçu le trône de ses ancêtres, suivant la loi traditionnelle du royaume.

Et cela, pensons-nous, suffit pour faire comprendre que si les peuples ne sont pas faits pour les rois, les rois non plus ne sont pas faits pour être le jouet des peuples. Légitimement régnants ou illégitimement déchus, ils sont investis d'un droit, qui est bien plutôt celui du peuple lui-même que le leur propre. Car, pour eux, le droit de régner se confond avec le devoir de gouverner conformément à la loi de Dieu.

V

LE POUVOIR LÉGITIME EN FRANCE

Il est temps de sortir de la région des principes, où jusqu'ici nous nous étions tenus. Leur application d'ailleurs, en ce qui concerne la France, se fait pour ainsi dire d'elle-même, et les événements de ces derniers mois ont permis qu'elle puisse être aujourd'hui complète. Écrit à la veille du plébiscite, ce travail ne pouvait prétendre alors qu'à un seul but, celui de réveiller ou de maintenir intacte, dans quelques esprits obscurcis ou vacillants, la saine notion du droit en matière politique. Bien audacieux, en effet, eût été celui qui eût tenté d'enrayer par des considérations purement morales le courant qui sollicitait l'esprit public, aveuglé par la frayeur de l'anarchie et appesanti par le bien-être, à confondre le fait avec le droit et à donner une adhésion nouvelle au pouvoir d'aventure, qui depuis vingt ans assurait à la France une sécurité factice et une artificielle prospérité. Nous qui, en dépit des millions de *oui* tombés dans les urnes plébiscitaires et des acclamations spontanées des foules affamées d'ordre, de paix et de repos, tenions encore pour la vieille maxime, « qu'il n'y a pas de droit contre le droit, » nous ne pouvions, tant qu'a duré le second empire, qu'affirmer ce droit par la réserve de notre attitude et la franchise de nos déclarations ; et fidèle aux principes chrétiens, l'eussions-nous pu, que nous ne voulions pas autre chose. L'exemple, d'ailleurs, nous arrivait d'en haut ; et si nous avions eu besoin qu'on nous retînt sur la pente des conspirations, nous n'aurions eu qu'à prendre conseil de celui-là même pour lequel nous eussions été tentés de conspirer.

Mais que de changements depuis huit mois dans la situation de la France. L'empire n'est plus qu'un souvenir néfaste. Nous l'avons vu tomber, au lendemain d'un immense désastre, sous l'effort apparent d'une poignée de faubouriens, qui se trouvent toujours aux heures propices, pour remplir la triste besogne de démolisseurs de trônes, mais en réalité sous le poids de l'opprobre et des malédictions de la France, à tout jamais détachée d'un pouvoir qui, pour se faire aimer et servir, avait besoin que la fortune ne cessât de lui sourire un seul jour.

Délivrée de l'empire, la France se retouve donc aujourd'hui en face d'elle-même, appelée à se reconstituer une existence et à se refaire un avenir ; car rien de vivace n'a pu germer encore au milieu de nos ruines et sur notre sol ensanglanté. Parmi ceux qui, le 4 septembre, ont recueilli les épaves de l'empire, il s'est bien trouvé certains prestidigitateurs politiques toujours prêts à escamoter la souveraineté populaire, dont ils se disent pourtant les plus zélés serviteurs, et qui auraient trouvé bon, sous prétexte de fait accompli, d'imposer définitivement à la France la République tacitement acceptée par tous, à titre provisoire, comme gouvernement de la défense nationale. Mais Dieu a eu pitié de nous, et a daigné du moins nous épargner après tant de malheurs le succès de ce nouveau coup de main. Et aujourd'hui la situation est assez nette pour empêcher toute confusion et toute surprise. Tels sont, en effet, les termes de la résolution par laquelle l'Assemblée nationale a conféré le pouvoir exécutif à M. Thiers :

« L'Assemblée nationale, dépositaire de l'autorité souveraine, considérant qu'il importe, *en attendant qu'il soit statué sur les institutions de la France*, de pourvoir immédiatement aux nécessités du gouvernement et à la conduite des négociations, etc. »

Il est donc bien entendu, qu'une fois rendue à elle-même, c'est-à-dire lorsque l'ennemi aura quitté son sol, la France, de par la volonté de ses représentants, sera appelée à prononcer sur ses destinées et à dire sous quel régime elle entend vivre. République ou Monarchie : le dilemme est posé et la réponse n'est point douteuse. La France est une nation essentiellement monarchique, et le dernier essai qu'elle vient de faire de la république paraît plutôt avoir accru que diminué son antipathie pour elle. Les trois quarts au moins des nouveaux représentants sont prêts à le déclarer en son nom ; et cette manifestation du sentiment national aurait certainement été plus complète encore, si le vote au canton et les difficultés de déplacement créées par l'état de la guerre n'avaient entraîné l'abstention d'un nombre considérable d'électeurs ruraux, conservateurs par intérêt comme par instinct.

La France veut donc la monarchie : elle veut au sommet de ses institutions une autorité incontestée, assez solidement assise pour maintenir les libertés publiques sans avoir rien à craindre des hasards d'une émeute ou des caprices d'une élection. Et il lui faut pour cela une monarchie héréditaire.

Reste la question du monarque : au point de vue du droit, elle est suffisamment résolue, croyons-nous, par ce que nous avons exposé sur la nature du droit légitime et sur les devoirs des peuples envers lui. En France, le pouvoir légitime, en effet, peut-il résider ailleurs qu'en celui dont les ancêtres ont occupé le trône pendant dix siècles? Petit-fils de Charles X, régulièrement investi du pouvoir par l'abdication simultanée de son grand-père et de son oncle, quel autre que lui pourrait s'appeler le roi de France?

Serait-ce un des descendants du prince, qui après avoir accepté la lieutenance du royaume, et qui devait à ce titre fidélité à Henri V comme à son véritable souverain, reçut ensuite pour lui-même, des mains de quelques députés sans mandat, la couronne que l'honneur et le devoir l'obligeaient à défendre? Dix-huit ans de règne ont-ils donc pu créer des droits supérieurs à ceux qui s'appuient sur dix siècles d'histoire? Louis-Philippe, d'ailleurs, on ne saurait trop le redire, n'a-t-il pas à son lit de mort reconnu lui-même le mal qu'il avait fait à la France en intervertissant à son profit l'ordre de succession au trône, et, pour le réparer, n'a-t-il pas invité ses enfants à se presser autour du chef de leur maison, seul représentant possible en France de la monarchie héréditaire? Les Orléanistes ne peuvent nier un droit aussi évident. De là pour eux l'impossibilité de donner aucune réponse sérieuse, lorsqu'on les place entre les deux termes également gênants de ce dilemme : Tenez-vous pour la royauté légitime, et dans ce cas, oserez-vous mettre en balance le droit de M. le comte de Paris qui ne peut remonter qu'à son aïeul, avec celui de M. le comte de Chambord, qui s'appuie sur la tradition observée en France depuis Hugues Capet jusqu'au roi Charles X? Tenez-vous au contraire pour la monarchie élective, et alors les princes de la maison d'Orléans ne sauraient plus être pour vous que de simples candidats à la couronne, n'ayant ni plus de titres, ni plus de droits, que tel ou tel citoyen plus connu que les autres parce qu'il aura rendu de plus grands services à la patrie. Si nous en sommes là, c'est un Washington qu'il faut à la France; et MM. Thiers et Trochu peuvent prétendre à ce rôle tout aussi bien et mieux sans doute que M. le duc d'Aumale et M. le prince de Joinville. Avouez alors que vous voulez pour la France une monarchie batarde, tenant un peu de la tradition et beaucoup de la révolution, une royauté assez forte pour qu'elle vous puisse assurer les honneurs et le pouvoir, mais assez faible pour que vous puissiez la façonner à votre guise, et que, si un jour elle vous gêne, il vous soit facile de vous en débarrasser. Mais la France, nous voulons le croire, n'arrêtera pas ses regards à ces horizons étroits et mesquins où vous bornez votre vue. Lasse d'osciller depuis quarante ans entre la révolution et l'absolutisme, fatiguée de ces écarts également dangereux qui la précipitent alternativement de la souveraineté sans contrôle à la liberté sans frein, elle ne se contentera pas, pour panser ses blessures, d'un pouvoir éphémère, qui pourrait lui assurer le repos du jour, mais sans lui garantir la sécurité du lendemain.

La France comprendra que là où est son devoir se trouve aussi son véritable intérêt. Elle comprendra que le seul remède aux dissensions qui nous déchirent est dans l'avènement au trône de celui qui est le plus capable d'en tarir la source, parce que, toujours Roi de France jusque dans son exil, il ne saurait être considéré comme le représentant d'un parti, de celui, qui comme on l'a justement dit, n'est pas un prétendant mais un principe, et qui à ce titre est plus apte que tout autre, indépendamment de ses qualités personnelles, à régir la France avec justice et droiture, parce qu'appelé au trône par sa naissance, la royauté s'offre à lui, moins encore comme un droit, que comme un périlleux devoir.

Que la France se porte donc avec l'enthousiasme des vieux temps vers ce noble prince, qui ne saurait avoir d'autre intérêt que son bonheur, et comme il l'a dit lui-même, *d'autre but* que sa *grandeur morale*, et, pour la régir, *d'autre moyen que l'honnêteté*.

Dans ce temps de révolution où nous sommes, ce retour au droit sera d'un salutaire exemple, et en rendant à notre malheureuse patrie l'initiative du vrai progrès, il lui permettra de reconquérir dans le monde une influence plus réelle et plus féconde que celle même qu'eût pu lui donner momentanément la victoire. Et si la France est aujourd'hui cruellement blessée dans son légitime orgueil, comment ne sentirait-elle pas que la protestation la plus digne et la plus éloquente qu'elle puisse opposer à la violence qui lui est faite, est de s'abriter comme autrefois sous la bannière de l'hérédité monarchique, en rappelant à sa tête ce petit fils de Saint Louis, d'Henri IV et de Louis XIV, dont les ancêtres ont fait sa puissante unité ?

www.ingramcontent.com/pod-product-compliance
Lightning Source LLC
Chambersburg PA
CBHW060549050426
42451CB00011B/1825